GW0630777

Dès 3 ans

J'apprends l'alphabet

avec **Sami** et **Julie**

G. Flahault-Lamorère

Orthophoniste

hachette
ÉDUCATION

Présentation

Ce premier livre de **préparation à la lecture** va permettre à votre enfant :
– d'apprendre **à bien articuler** « le bruit » que fait chaque lettre et les associations en syllabe
et en mots.
– de **repérer** de façon visuelle et auditive les **différentes graphies** (majuscule bâto
minuscule d'imprimerie, minuscule cursive) des 26 lettres de l'alphabet.

J'observe le dess
de la lettre
le mot modè

Sur l'illustration,
je montre tous les
mots dans lesquels
j'entends le son
de la lettre étudiée.

Je regard
la bouche
en suivant le conse
j'apprends à bie
articuler le son c
la lettre étudié

J'apprends
à reconnaître
la lettre écrite sous
différentes formes
et je la retrouve
dans des mots.

Je prononce
très bien les
3 mots illustrés.

Je retrou
la lettre manquan
dans les planch
d'autocollan
situées au début c
cahier et je la col
au bon endro

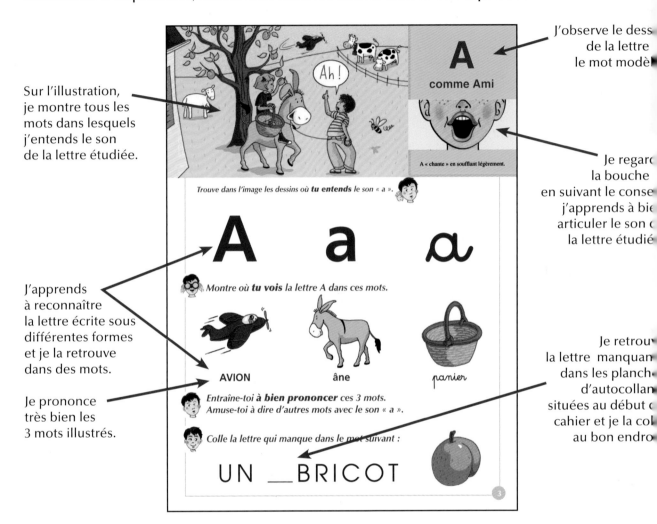

Maquette et réalisation de la couverture : Mélissa Chalot
Édition : Sylvie Boissière
Maquette intérieure et réalisation de la mise en pages : **Médiamax**
Illustration de la couverture et de la page de titre : Coralie Vallageas
Illustrations de l'intérieur : Marie-Hélène Tran-Duc et Vasco-Gil Pereira (bouches)

ISBN 978-2-01-171463-3
www.hachette-education.com

© Hachette Livre, 2014, 43 quai de Grenelle, 75905 Paris Cedex 15.

Imprimé en Espagne par Cayfosa
Dépôt légal· Mai 2014 - Collection 12 - Edition 02
17/1463/3

A

comme Ami

A « chante » en soufflant légèrement.

*Trouve dans l'image les dessins où **tu entends** le son « a ».*

A   a   *a*

*Montre où **tu vois** la lettre A dans ces mots.*

AVION   âne   *panier*

*Entraîne-toi **à bien prononcer** ces 3 mots.*
Amuse-toi à dire d'autres mots avec le son « a ».

Colle la lettre qui manque dans le mot suivant :

UN __BRICOT

B

comme Balle

B bouche fermée, grosses joues,
fais un gros bruit dans la gorge !

*Trouve dans l'image les dessins où **tu entends** le son « b... ».*

B b *b*

*Montre où **tu vois** la lettre B dans ces mots.*

BOTTES

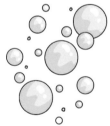

bulles

lavabo

*Entraîne-toi à **bien prononcer** le son « b... » : b – ba – bo – bu –
boi – bou – bon – bla – blo – blou – bra – bro – bré – bri.
Amuse-toi à bien dire les 3 mots illustrés ci-dessus.*

Colle la lettre qui manque dans le mot suivant :

UN __ALLON

C

comme Camion

C fait un petit bruit au fond de la bouche.

*Trouve dans l'image les dessins où **tu entends** le son « c... ».*

C　　C　　ↄ

 *Montre où **tu vois** la lettre C dans ces mots.*

CAR　　　　　　sac　　　　　　corde

 *Entraîne-toi **à bien prononcer** le son « c... » : c – ca – co – cu – can – coi – cla – clo – clou – cra – cro.*
Amuse-toi à bien dire les 3 mots illustrés ci-dessus.

 Colle la lettre qui manque dans le mot suivant :

UN __ARTABLE

D

comme Dos

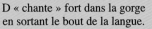

D « chante » fort dans la gorge
en sortant le bout de la langue.

*Trouve dans l'image les dessins où **tu entends** le son « d… ».*

D   d   d

 *Montre où **tu vois** la lettre D dans ces mots.*

DAME

radis

salade

 *Entraîne-toi à **bien prononcer** le son « d… » : d – da – do – di – dou –
doi – dra – dro – droi.
Amuse-toi à bien dire les 3 mots illustrés ci-dessus.*

 Colle la lettre qui manque dans le mot suivant :

UN CA__EAU

E

comme Euh !

E « chante » en soufflant légèrement.
Les lèvres légèrement en avant.

*Trouve dans l'image les dessins où **tu entends** le son « e ».*

E   e   𝓮

*Montre où **tu vois** la lettre E dans ces mots.*

RENARD

chemise

biberon

*Entraîne-toi à **bien prononcer** le son « e… » : e – pe – te – de –*
me – fe – re – se – che – je – ze.
Amuse-toi à bien dire les 3 mots illustrés ci-dessus.

Colle la lettre qui manque dans le mot suivant :

UNE ROB__

É
comme École

É « chante » en soufflant légèrement.

*Trouve dans l'image les dessins où **tu entends** le son « é ».*

É   é   *é*

 *Montre où **tu vois** la lettre É dans ces mots.*

ÉTOILE   **fée**   *bébé*

 *Entraîne-toi à **bien prononcer** ces 3 mots.*
Amuse-toi à dire d'autres mots avec le son « é ».

 Colle la lettre qui manque dans le mot suivant :

UN CANAP__

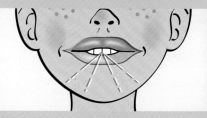

F

comme Feu

F « souffle », dents sur les lèvres.

*Trouve dans l'image les dessins où **tu entends** le son « f... ».*

F   f

 *Montre où **tu vois** la lettre F dans ces mots.*

FARINE

café

œuf

 *Entraîne-toi **à bien prononcer** le son « f... » : f – fa – fo – fu – fou – foi – fon – fla – flé – flu – fra – fran – fri – froi – fron.*
Amuse-toi à bien dire les 3 mots illustrés ci-dessus.

Colle la lettre qui manque dans le mot suivant :

UNE __RAISE

G
comme Gare

G fait un gros bruit dans la gorge.

*Trouve dans l'image les dessins où **tu entends** le son « g... ».*

G g *g*

 Montre où *tu vois* la lettre G dans ces mots.

GÂTEAU

gobelet

guitare

 *Entraîne-toi à **bien prononcer** le son « g... » : g – ga – go – gou – gan – goi – gla – gli – glo – glou – gra – gran – gre – gri – gro – gru. Amuse-toi à bien dire les 3 mots illustrés ci-dessus.*

 Colle la lettre qui manque dans le mot suivant :

UNE __UIRLANDE

H tout seul est une lettre muette.

H CH
comme Chut !

CH grosse bouche en avant, « souffle » fort. La langue ne doit pas sortir de la bouche.

*Trouve dans l'image les dessins où **tu entends** le son « ch ».*

H h

*Montre où **tu vois** la lettre H dans ces mots.*

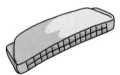

HARMONICA   **h**érisson   *hibou*

*Entraîne-toi **à bien prononcer** ces 3 mots.*
Amuse-toi à dire d'autres mots avec un h.

*Montre où **tu vois** les lettres CH dans ces mots.*

CH ch ch

CHAPEAU   chemise   *écharpe*

*Entraîne-toi **à bien prononcer** le son « ch… » : cha – cho – ché – choi – chou.*
Amuse-toi à bien dire les 3 mots illustrés ci-dessus.

I

comme Île

I « chante » en soufflant légèrement.
On montre bien ses dents.

*Trouve dans l'image les dessins où **tu entends** le son « i ».*

  **i**

 *Montre où **tu vois** la lettre I dans ces mots.*

LIVRE

girafe

papillon

*Entraîne-toi **à bien prononcer** ces 3 mots.*
Amuse-toi à dire d'autres mots avec le son « i ».

 Colle la lettre qui manque dans le mot suivant :

 UN T__GRE

J

comme Julie

J même bouche que le « ch »
mais « chante » très fort.
La langue ne doit pas sortir.

*Trouve dans l'image les dessins où **tu entends** le son « j… ».*

J   j   *j*

*Montre où **tu vois** la lettre J dans ces mots.*

JUDOKA   javelot   *jongleur*

*Entraîne-toi à **bien prononcer** le son « j… » : j – ja – jo – jou – joi.
Amuse-toi à bien dire les 3 mots illustrés ci-dessus.*

Colle la lettre qui manque dans le mot suivant :

DES __UMELLES

K

comme Klaxon

K fait un petit bruit au fond de la bouche.

*Trouve dans l'image les dessins où **tu entends** le son « k... ».*

K   k   k

 *Montre où **tu vois** la lettre K dans ces mots.*

KÉPI   **kangourou**   *anorak*

 *Entraîne-toi **à bien prononcer** le son « k... » : k – ka – ko – kan – koi. Amuse-toi à bien dire les 3 mots illustrés ci-dessus.*

 Colle la lettre qui manque dans le mot suivant :

UN __OALA

L
comme Lune

L se dit avec la langue.

 Trouve dans l'image les dessins où **tu entends** *le son « l... ».*

L   I   ℓ

 Montre où **tu vois** *la lettre L dans ces mots.*

LUNETTES

lapin

livre

 Entraîne-toi à **bien prononcer** *le son « l... » : l – la – lo – lé – lon – lou – loi – cle – flo – bla – glou.*
Amuse-toi à bien dire les 3 mots illustrés ci-dessus.

 Colle la lettre qui manque dans le mot suivant :

JU __ IE

M
comme Maman

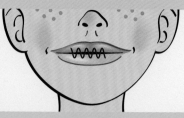

M « chante » dans les lèvres fermées.

*Trouve dans l'image les dessins où **tu entends** le son « m... ».*

M m *m*

 *Montre où **tu vois** la lettre M dans ces mots.*

MONTAGNE

marmotte

mouchoir

 *Entraîne-toi **à bien prononcer** le son « m... » : m – ma – mo – mi – mé – man – mou – moi.*
Amuse-toi à bien dire les 3 mots illustrés ci-dessus.

 Colle la lettre qui manque dans le mot suivant :

U N __ O U T O N

N
comme Nid

N se dit fort dans le nez.
On fait une grosse grimace avec le nez.

*Trouve dans l'image les dessins où **tu entends** le son « n... ».*

N n 𝓃

 *Montre où **tu vois** la lettre N dans ces mots.*

LUNE   lunettes   journal

 *Entraîne-toi à **bien prononcer** le son « n... » : n – na – né – ni – no – nu – nou – nan – noi – nor.*
Amuse-toi à bien dire les 3 mots illustrés ci-dessus.

 Colle les lettres qui manquent dans le mot suivant :

UN BO____ET

O
comme Oh !

O « chante » en soufflant légèrement.
La bouche fait le même petit rond
que la lettre O.

*Trouve dans l'image les dessins où **tu entends** le son « o ».*

O o ø

*Montre où **tu vois** la lettre O dans ces mots.*

AUTO   sac à dos   *vélo*

*Entraîne-toi à **bien prononcer** ces 3 mots.*
Amuse-toi à dire d'autres mots avec le son « o ».

Colle les lettres qui manquent dans le mot suivant :

UNE M__T__

P bouche fermée, « éclate » en faisant un tout petit bruit.

*Trouve dans l'image les dessins où **tu entends** le son « p… ».*

P   p

*Montre où **tu vois** la lettre P dans ces mots.*

PIRATE   **perroquet**   *poule*

*Entraîne-toi **à bien prononcer** le son « p… » : p – pa – po – pi – pé – pou – poi – pan – pla – plo – pli – pra – pro – pran.*
Amuse-toi à bien dire les 3 mots illustrés ci-dessus.

Colle la lettre qui manque dans le mot suivant :

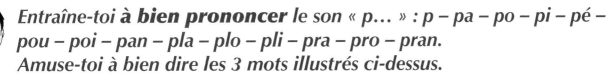

DES __OUSSINS

Q

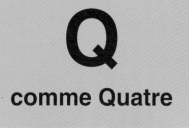

comme Quatre

Q fait un petit bruit au fond de la bouche.
On fait le même bruit pour dire c, q ou k.

*Trouve dans l'image les dessins où **tu entends** le son « q... ».*

Q   q

 *Montre où **tu vois** la lettre Q dans ces mots.*

CASQUE   **coquillage**   *jonquille*

 *Entraîne-toi à **bien prononcer** le son « q... » : q – qua – quo – qui – que – quan – quoi.*
Amuse-toi à bien dire les 3 mots illustrés ci-dessus.

 Colle la lettre qui manque dans le mot suivant :

UN MAS__UE

R
comme Rat

R « gratte » dans la gorge.

*Trouve dans l'image les dessins où **tu entends** le son « r... ».*

R r *r*

Montre où *tu vois* la lettre R dans ces mots.

RIDEAU

souris

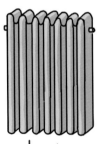
radiateur

*Entraîne-toi **à bien prononcer** le son « r... » : r – ra – ro – ru – rou – roi – ron – pra – bra – cro – gro – fri – droi – frui.*
Amuse-toi à bien dire les 3 mots illustrés ci-dessus.

Colle la lettre qui manque dans le mot suivant :

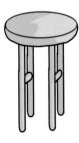

UN TABOU__ET

21

S

comme Serpent

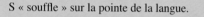
S « souffle » sur la pointe de la langue.

*Trouve dans l'image les dessins où **tu entends** le son « s... ».*

S   S   ƨ

 *Montre où **tu vois** la lettre S dans ces mots.*

SAPIN

chaussure

poussette

 *Entraîne-toi à **bien prononcer** le son « s... » : s – sa – so – sé – sou – san – soi.*
Amuse-toi à bien dire les 3 mots illustrés ci-dessus.

 Colle la lettre qui manque dans le mot suivant :

UN AUTOBU__

T

comme Tête

T « éclate » avec un tout petit bruit sur le bout de la langue.

*Trouve dans l'image les dessins où **tu entends** le son « t... ».*

T   t   *t*

 *Montre où **tu vois** la lettre T dans ces mots.*

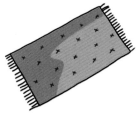

TAPIS

train

télévision

 *Entraîne-toi **à bien prononcer** le son « t... » : t – ta – to – ti – tu – tou – tr – tra – tro – tru – tron – troi.*
Amuse-toi à bien dire les 3 mots illustrés ci-dessus.

 Colle la lettre qui manque dans le mot suivant :

UNE __OUPIE

U
comme Usine

U « chante » en soufflant légèrement.
On avance un peu les lèvres.

*Trouve dans l'image les dessins où **tu entends** le son « u ».*

U   u u

 *Montre où **tu vois** la lettre U dans ces mots.*

LUNE

tortue

Julie

 *Entraîne-toi **à bien prononcer** ces 3 mots.*
Amuse-toi à dire d'autres mots avec le son « u ».

 Colle la lettre qui manque dans le mot suivant :

U N   N _ _ A G E

V

comme Ville

V « chante » en soufflant,
dents sur les lèvres.

*Trouve dans l'image les dessins où **tu entends** le son « v... ».*

V   V

 *Montre où **tu vois** la lettre V dans ces mots.*

VALISE

voiture

vélo

*Entraîne-toi à **bien prononcer** le son « v... » : v – va – vo – vi – vou –*
voi – vra – vrai – vlan.
Amuse-toi à bien dire les 3 mots illustrés ci-dessus.

Colle la lettre qui manque dans le mot suivant :

UN __OILIER

25

W

comme William

W « chante » en soufflant,
dents sur les lèvres.
Se prononce quelquefois « OU ».

*Trouve dans l'image les dessins où **tu entends** le son « w ».*
En français, le w se prononce comme le son « v » ou le son « ou ».

W w 𝓌

 *Montre où **tu vois** la lettre W dans ces mots.*

WAGON
(vagon)

western
(ouestern)

kiwi
(kioui)

 *Entraîne-toi à **bien prononcer** ces 3 mots.*
Amuse-toi à dire d'autres mots avec le son « w ».

 Colle la lettre qui manque dans le mot suivant :

UN __APITI (un ouapiti)

X

comme Xylophone

X se prononce d'abord comme un c, suivi rapidement par le son s.

*Trouve dans l'image les dessins où **tu entends** le son « x ».*

X   X   

 *Montre où **tu vois** la lettre X dans ces mots.*

TAXI   **saxophone**   *boxeur*

 *Entraîne-toi à **bien prononcer** ces 3 mots.*
Amuse-toi à dire d'autres mots avec le son « x ».

 Colle la lettre qui manque dans le mot suivant :

L'INDE__

Y

comme Yaourt

Y se prononce comme le I.

*Trouve dans l'image les dessins où **tu entends** le son « y ».*

Y   y

 *Montre où **tu vois** la lettre Y dans ces mots.*

PYJAMA

yeux

yoyo

 *Entraîne-toi **à bien prononcer** ces 3 mots.*
Amuse-toi à dire d'autres mots avec le son « y ».

 Colle la lettre qui manque dans le mot suivant :

__ A N N

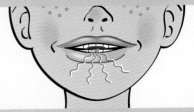

Z

comme Zoo

Z « chante » sur le bout de la langue
(comme le bruit fait par un moustique).

Trouve dans l'image les dessins où **tu entends** le son « z… ».

Z   z   *z*

Montre où *tu vois* la lettre Z dans ces mots.

ZÈBRE   gazelle   *zébu*

*Entraîne-toi à **bien prononcer** le son « z… » : z – zé – za – zo – zou.*
Amuse-toi à bien dire les 3 mots illustrés ci-dessus.

Colle la lettre qui manque dans le mot suivant :

UN LÉ__ARD

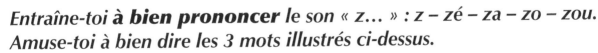

29

Dans la cuisine

Amuse-toi à dire tout ce que tu vois sur l'image.

ans le jardin

muse-toi à dire
ut ce que tu vois
r l'image.

Au cirque

Amuse-toi à dire tout ce que tu vois sur l'image.